classic music from the top-selli

Voices

for voice and piano

This publication is not authorised for sale in the United States of America and/or Canada.

CHESTER MUSIC
London / New York / Paris / Sydney / Copenhagen / Berlin / Madrid / Tokyo

Exclusive distributors:
Chester Music
A division of Music Sales Limited
8/9 Frith Street, London W1D 3JB, England.

Order No. CH65252
ISBN 0-7119-9540-0

Printed in Malta by Interprint Ltd.

Ave Verum Corpus in D major, K618

By Wolfgang Amadeus Mozart.

Cu - jus la - tus per - fo - ra - tum flu - xit a - qua et
Teach me some me - lo - dious meas - ure, Sung by rap - tur'd
pp rall.
p a tempo
san - gui - ne;
E - sto no - bis prae - gu - sta - tum
Saints a - bove;
Fill my soul with sa - cred plea - sure,
pp rall.
p
f
mor - tis in ex - a - mi - ne mor - - -
While I sing re - deem - ing love, While I sing,
f
rall.
- - 'tis in ex - a - mi - ne.
While I sing re - deem - ing love.
rall.
mf
a tempo

When I Am Laid In Earth

(from Dido and Aeneas)

Music by Henry Purcell.

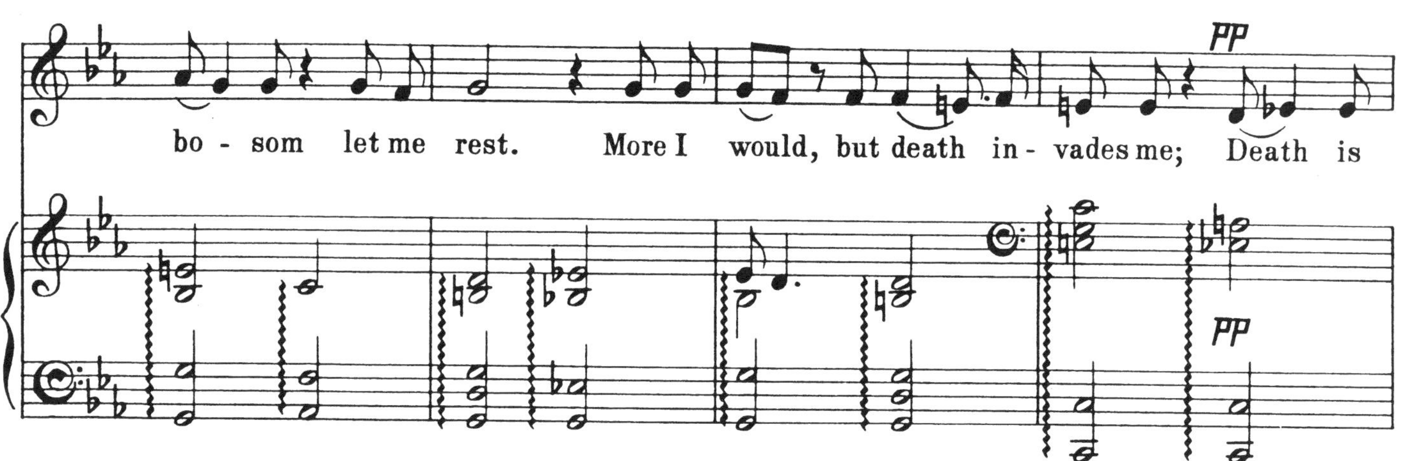

laid,_ am laid ___ in earth, may my wrongs cre-ate No trou-ble, no
trouble in ___ thy breast.
un poco più forte
When I am laid,_ am laid ___ in
un poco più forte
earth, may my wrongs cre-ate No trou-ble, no trouble in ___ thy breast.
p
Re-mem-ber me, re-mem-ber me, but ah! ___ for -
p
cresc.
cresc.

f
dim.
pp
-get my fate, Re-mem-ber me, but ah! for-get my fate, Re-
f
dim.
pp
cresc.
mf
-mem-ber me, re-mem-ber me, but ah! for - get my fate, Re-
cresc.
mf
rall.
dim.
pp
a tempo
-mem-ber me, but ah! for-get my fate.
cresc.
rall.
dim.
pp

Exsultate Jubilate In F Major K165

(from Exsultate Jubilate)

Music by Wolfgang Amadeus Mozart.

17
tr
21
Soprano
Ex - - - - - sul - ta - te, ju - - - - - bi -
p
24
la - te, o vos a - ni - mae be - a - tae, o vos a - ni - mae,
p
29
o vos a - ni - mae be - a - tae, ex - sul - ta - te, ju - bi -
33
la - te, dul - - - - cia
f
p

37
can - ti-ca, can - ti-ca ca - nen - do, cantui ve - stro re-spon-
41
den - do, re-spon - den - do psal - - - lant
45
ae-the-ra, psal-lant ae - the-ra cum me,
49
can - - - tu-i ve-stro re - - - spon - den-do
53
psal - - - lant ae-the-ra, ae - the- ra cum me,

57
60
tr
psal - lant cum me, psal - - - - - - lant cum
tr
cresc.
65
me.
f
tr
69
Ex - - - sul - ta - te,
p
73
ju - - - bi - la - te, o vos a - ni - mae be -

76
a - tae, o vos a - nimae, o vos
f
p
80
a - ni - mae be - a - tae, ex - sul - ta - te, ju - bi - la - te,
f
84
dul - - cia can - ti - ca,
p
f
88
can - ti - ca ca - nen - do, cantui ve - stro re - spon - den - do,
p
f
p
92
re - spon - den - do psal - - lant ae - the - ra, psal - lant

96
ae - - the-ra cum me,
99
102
105
psal - lant ae - the - ra cum me, can - - - tu-i
109
ve-stro re - - - spon-den-do psal - - - lant
113
ae-the-ra, ae - the-ra cum me,

116
psal - - - lant cum
cresc.
119
me,
f
121
psal - lant
Cadenza ad lib.
123
ae - the - ra, psal-lant ae - - - the - ra cum
ae - - - the-ra cum
124
me.
127

Let The Bright Seraphim

(from Samson)

Music by Georg Frideric Handel.

f
mf
Let the bright Ser - a - phim, in burn - ing row, in
f
p
burn - ing, burn - - - ing row, Their loud up - lift - ed An - gel -
p
cresc.
tr
f
trum - pets blow, their loud up - lift - ed An - gel -
trum - - pets blow,
cresc.
mf

mf
their loud, their
p
mf
loud up-lift-ed An-gel-trum-pets blow.
cresc.
f
con ottava ad lib.
mf
Let the bright Ser-a-phim, in
p
burn-ing row, in burn-ing, burn-ing row, Their loud up-lift-ed
f
p
f
f

f
An - gel-trumpets blow, their loud up - lift - ed Angel-trumpets blow,
f
col canto
mf
their loud up-lift-ed An-gel -
mf
p
trum-pets blow:
f
con ottava ad lib
Fine
p con anima
Let the Cher-u - bic host, in tune - ful choirs, Touch
p

their immor-tal harps with gold - en wires,
Let the Cher-u-bic host, in
tune - ful choirs, Touch their im - mor-tal harps, touch their immor-tal harps
with gold - en wires,
touch their immor-tal harps with gold - en
wires.
mf
cresc.
poco rallent. e cresc.
col canto
f
D.C. al Fine

Au fond du temple saint

(from The Pearlfishers)

Words by Michel Antoine Florentin Carre and Eugene Cormon.
Music by Georges Bizet.

N.
Z.
NADIR
I have renounced my
De mon a - mour pro -
true? Is it a friend I see a - gain, and not a trai - tor?
- ment? Est ce un a - mi que je re - vois, ou bien un traî - tre?
fpp
fpp fpp
f
love my pas - sions I have mast - - - - - ered
- fond j'ai su me ren - dre maî - - - - - tre.
ZURGA
It was eve - ning
C'é - tait le soir!
f
p
Récit.
p
The air gent - ly stirred by the breeze And the priests whose fea - tures were bold - ly il -
Dans l'air par la brise at - tié - di, Les brah - mi - nes, au front i - non - dé dé lu -
Moderato
a Tempo
a Tempo
pp
suivez
suivez
suivez
- lu - - mined, Slow - ly sum - moned the peo - ple to their de -
- miè - - re, Ap - pel - aient len - te - ment la foule à la pri -
f

Andante
NADIR p
Z.
- vo - tions
- e - re.
From deep with-in the tem - ple a -
Au fond du tem - ple saint pa -
Andante (♩ = 66)
ppp una corda
N.
- dorn'd with flowers and gold
- re de fleurs et d'or.
A wo - man ap -
Une femme ap - pa -
8
- peared
- raît!
It seems I see her still!
Je crois la voir en - cor!
A wo man ap-peared
Une femme ap - pa - raît!
It seems I see her still!
Je crois la voir en - cor!
The peo - ple bowed be-fore her
La fou - le pros - ter - né - e
pp

N.
Cast - ing looks of a - maze - ment
La re - garde é - ton - né - e,
And then mur - mured so
Et mur-mu - re tout
low Be - hold it is the god - - - dess Who in
bas: Vo - yez c'est la dé - es - - - - se Qui dans
dark - - ness is ris - ing Hold - ing out her arms to
l'om - - bre se dres - se Et vers nous - tend les
ZURGA
cresc. poco a poco
cresc.
us! Her veil is float - ing up - wards Oh
bras! Son voi - le se sou - lè - ve... O
cresc.

cre - - scen - - do molto
Z.
thou vi - sion oh dream! The peo - ple kneel - ing be-
vi - si - on! ô rê - ve! La fou - le est à ge-
cre - scen - do molto
NADIR p
N.
Yes 'tis she 'tis She 'tis the god - dess Yes the
Oui, c'est el - le, C'est la de - es - se Plus char-
Z.
f p
- fore her! Yes 'tis she 'tis She 'tis the god - dess Yes the
- noux! Oui, c'est el - le, C'est la dé - es - se Plus char-
f p
N.
p
god - dess of charm and beau - ty Yes, 'tis she 'tis She 'tis the
mante et plus bel - le, Oui, c'est el - le, C'est la dé
Z.
p
god - dess of charm and beau - ty Yes, 'tis she 'tis She 'tis the
- mante et plus bel - le, Oui, c'est el - le, C'est la dé
p

N.
Z.
cresc.
god - dess Who a - mong us de - scends Her
- es - se Qui des - cend par - mi - nous. Son
p
cre - scen - do
veil is float - ing up - ward And the peo - ple kneel be -
voi - le se sou - lè - ve Et la foule est à ge -
- fore her.
- noux.
f
ff
dim.
molto

NADIR
N.
But step-ping thro' the peo - ple she op - - ens a
Mais à tra - vers la fou - le el - le s'ou - - vre un pas -
p
ZURGA
di - - mi - nu - - en - do
path - way Her long veil from us al - rea - dy hides her
- sa - ge. Son long voi - le dé - jà nous ca - che son vi -
8
di - - - mi - nu - - en - do
NADIR
Z.
face. And I gaze a - las! But seek in vain.
- sa - ge. Mon re - gard hé - las! La cher - che en vain.
dim.
ZURGA
NADIR
She fled She
El - le fuit! El - le
pp
smorzando

N.
fled!
fuit!
Récit.
NADIR
But how strange a
Mais, dans mon â - me sou -
ff pp suivez
pas - sion In my soul is swift - ly flam - ing!
- dain Quelle é - trange ar - deur s'al - lu - me!
ZURGA
What is this new fire that con -
Quel feu nou - veau me con -
fpp
NADIR
Your hand no long - er is friend - ly.
Ta main re - pous - se ma main.
In our hearts love grips us
De nos cœurs l'a - mour s'em -
Z.
- sumes me!
- su - me!
Your hand no long - er is friend - ly.
Ta main re - pous - se ma main.
fierce - ly And from friends we turn to foes!
- pa - re Et nous change en en - ne - mis
ZURGA
No, no
Non, que
ff

Andantino ma non troppo (♩ = 84)
NADIR
N.
Z.
No, nought!
Non, rien!
nought can e'er di - vide us, no nought can e'er di -
rien ne nous sé - pa - re, que rien ne nous sé -
Andantino ma non troppo (♩ = 84)
cresc. ed animato molto
No, nought! Our friend - ship let's swear to
Non, rien! Ju - rons de res - ter a -
- vide us, Our friend - ship let's swear to keep! Our
- pa - re, Ju - rons de res - ter a - mis! Ju -
cresc. ed animato
f rall.
keep! let's swear Oh! yes, we swear our friend - ship to
- mis, Ju - rons Oh! oui, ju - rons de res - ter a -
friend - ship let's swear to keep Oh! yes, we swear our friend-ship to
- rons de res - ter a - mis, Oh! oui, ju - rons de res - ter a -
cresc.
suivez

I° Tempo
N.
keep! Yes, 'tis she 'tis, she 'tis the god - dess, Who to
- mis! Oui, c'est el - le, c'est la dé - es - se, En ce
Z.
keep! Yes, 'tis she 'tis, she 'tis the god - dess, Who
- mis! Oui, c'est el - le, c'est la dé - es - se, qui
I° Tempo
dim.
day comes to u - nite us! And my pro - mise faith - ful - ly
jour qui vient nous u - nir! Et fi - dè - le à ma pro-
comes to u - nite us! And my pro - mise faith - ful - ly
vient nous u - nir! Et fi - dè - le à ma pro-
keep - ing, Like a brother I will che - rish you! Ah!
- mes - se, Comme un frè - re je veux te ché - rir! C'est
cresc.
keep - ing, I will che - rish you! Ah!
mes - se, Je veux te ché - rir! C'est
cresc.

cre - - - scen - - - - do
N.
yes 'tis, she 'tis the god - dess, Who to - day comes to u -
el - le, c'est la dé - es - se Qui vient en ce jour nous u -
Z.
yes 'tis, she 'tis the god - dess Who comes to u -
el - le, c'est la dé - es - se Qui vient nous u -
8
cre - - - scen - - - - do
f mf cre - - - scen - - - do mol - - -
- nite us! Yes, let us share Our self - same fate, Let us u -
- nir! Oui, par - ta - geons le mê - me sort, Soy - ons u -
f mf cre - - - scen - - - do mol - - -
- nite us! Yes, let us share Our self - same fate, Let us u -
- nir! Oui, par - ta - geons le mê - me sort, Soy - ons u -
f mf cre - - - scen - - - do mol - - -
- to - - ff
- nite till death till death!
- nis jus - qu'à la mort!
- to - - ff
- nite till death till death!
- nis jus - qu'à la mort!
- to - - ff

Che farò senza Euridice?

(from Orfeo ed Euridice)

Words by Raniero da Calzabigi.
Music by Christoph Willibald von Gluck.

ben? Eu-ri- di - ce! Eu-ri - di - ce! Oh
Di - o! Ri - spon-di, ri - spon -
Adagio
- di! I - o son pu - re il tu - o fe - de - le, io son
p col canto
Tempo I
pu - re il tu - o fe - de - le, il tu - o fe - de - le. Che fa -
rò sen-za Eu - ri - di - ce? Do-ve an - drò sen-za il mio

* Appoggiatura possible

ran - za nè dal mon - do, nè dal
sen - za E - u - ri - di - ce?
Tempo I
ciel! Che fa - rò sen-za Eu - ri - di - ce? Do-ve an -
drò sen-za il mio ben? Che fa - rò? Do - ve an -
drò? Che fa - rò sen - za il mi - o ben? Do - ve an -

dro? Che fa - ro? Do - ve an - drò sen - za il mi - o
f
ben, sen - za il mi - o ben, sen - za il mi - o
f
ben?

Voi che sapete

(from The Marriage of Figaro)

Words by Lorenzo da Ponte.
Music by Wolfgang Amadeus Mozart.

Andante con moto

(Susanna plays the Ritornello on the guitar.)

p

5

9

Cherubino

Voi, che sa - pe - te che co - sa è a - mor,

13

Don - ne, ve - de - te, s'io l'ho nel cor,

17
Don - ne, ve - de - te, s'io l'ho nel cor.
21
Quel - lo ch'io pro - vo, vi ri - di - rò,
25
È per me nuo - vo ca - pir nol so.
29
Sen - to un af - fet - to pien di de - sir,

33
Ch'o - ra è di - let - to, ch'o - ra è mar - tir.
37
Ge - lo, e poi sen - to l'al - ma av - vam - par.
41
E in un mo - men - to tor - no a ge - lar.
45
Ri - cer - co un be - ne fuo - ri di me,

49
Non so chi il tie - ne, non so cos' è. So-spi-ro e
53
ge - mo sen-za vo - ler, Pal - pi-to e tre - mo sen-za sa -
fp
56
- per. Non tro-vo pa - ce not - te, nè dì, Ma pur mi pia - ce
mfp
60
lan - guir co - sì. Voi, che sa - pe - te

64
che co - sa è a - mor, Don - ne, ve - de - te,
68
s'io l'ho nel cor. Don - ne, ve - de - te,
72
s'io l'ho nel cor, Don - ne, ve - de - te,
76
s'io l'ho nel cor.
tr
tr

Suicidio! In questi fieri momenti

(from La Gioconda)

Words by Arrigo Boito.
Music by Amilcare Ponchielli.

tu sol. . . . . .mi re _ sti, ...
from all this an _ _ guish;
pp
f
e il cor. . . . . .mi ten _ ti. . . . . Ul _ ti _ ma
Since Fate re _ lent _ less my life hath
p
pp
pp
vo _ ce del mio de _ sti _ no,
blight _ ed, Calm, un _ af _ fright _ _ ed,
ul _ ti _ ma cro _ _ _ _ ce del mi _ o . . . . cam_
Now let me end it, And wel _ come my
rall
pp
rall

a tempo
_min!
doom!
ff
Sottovoce
pp
m.d.
Oppure
vo - la - van
yet all too light_ly
p
E un dì leg - gia - - dre vo - la - van
Ah! years of glad - - ness, yet all too light_ly
p
l'o - - re,
cher - - ish'd,
Più animato
perdei la ma - - dre,
Ere I had lost ___ her,
pp
cresc con passione
ff
con disperazione
perdei la ma - dre, perdei l'amo - - re, vinsi l'infa _ usta
My darling moth - - er, Ere love had per - - ish'd! Madden'd by jeal _ ous_y,
cresc.
f

ritornando al tempo di prima
ge_lo_sa feb_bre! Or piombo e_sau _ sta, or piombo e_sau _ sta fra le te_
By passion burn _ ing, Be death the sol _ ace, Be death the sol _ ace For all my
_ne _ bre, fra le te_ne _ _ _ bre!
yearn _ ing, For all my yearn _ _ _ ing!
rall
col canto
a tempo
Toc _ co al_la me _ ta... do _ mando al
Mine hour ap_proach _ es, Mine hour of
tranquillo dolciss
ciel, do_mando al cie _ lo di dor_mir que _ ta, di dormir
doom; May Heav'n in mer _ cy her peace ac _ cord me, her peace ac _

cresc.
f ten.
que _ ta den _ tro l'a _ vel, do _ mando al cie _ lo, al
cord me With _ in the tomb. May Heav'n in mer _ cy, may Heav'n in
col. canto
pp rall.
cie _ lo di dor _ mir que _ ta den _ tro l'a _ vel.
mer _ cy her peace ac _ cord me With _ in the tomb.
a tempo
pp col canto
stento
Toc _ co al_la me _ ta...domando al
My hour ap _ proach _ es, May Heav'n in
ff
col canto
p
rall.
cie _ lo di dormir que _ ta dentro l'a _ vel.........
mer _ cy herpeace ac _ cord me With_in the tomb!
pp

Lascia ch'io pianga
(from Rinaldo)

Music by Georg Frideric Handel.

13
li - ber - tà!
Las - cia ch'io pian - ga
17
mia cru - da sor - te,
E che so -
20
- spi - ri la li - ber - tà!
23
f

27
Fine
31
Il duo - lo in - fran - ga ques - te ri - tor - te
(p)
35
tr
De' miei mar - ti - ri sol per pie - tà si
39
D.C. al Fine
De' miei mar - ti - ri sol per pie - tà.

Ebben? Ne andrò lontana

(from La Wally)

Words by Luigi Illica.
Music by Alfredo Catalani.

13
- pian - to, è rim - pian - to, è do - lor!
soothe me, thus to soothe my grief and pain.
3
p
sonoro
18
[Più mosso ♩ = 72]
p dolciss. con espressione
O del - la ma - dre mia ca - sa gio -
Oh dear - est mo - ther, dear - est home so
pp
dolciss.
22
pp
- con - da, la Wal - ly ne an - drà da te, da
hap - py, a - las, I must leave you now and
25
animando
te lon - ta - na as - sa - i, e for - se a
ne - ver more re - turn here, and ne - ver

28
te, e for - se a te non fa -
more, and ne - ver more, ne - ver
31
f con anima
- rà mai più ri - tor - no, nè più la ri - ve - dra - -
more shall I re - turn here, re - turn to see you all once
f
34
[molto] ritard.
Tempo I
p
- i! mai più, mai più!
more, Fare - well, fare - well!
f
pp
37
pp
Ne an - drò so - la e lon -
And so, I must a -
ppp dolciss.

40
poco stent.
-ta - na co - me l'e - co del-la pia cam - pa - na,
- way now, church bells' e - cho fad-ing far be - hind me.
poco stent.
pp col canto
43
a tempo
cresc.
là, fra la ne - ve bian - ca; n'an - drò, n'an-
There to the snow-y mount - ains a - las, a -
cresc.
46
f
- drò so - la e lon - ta - na
- las, a - lone I'll go then,
f
49
f
e fra le nu - bi d'ôr!
and ne-ver more re - turn.
f
dim.
pp

Caruso

Words and Music by Lucio Dalla.

poi si schia-ris - ce la vo - ce e ri-co - min - cia il can - to. Te vo-glio
be - ne as - sai, ma tan-to tan - to be-ne as - sai, é un-a ca-
- te - na or - mai che scio-glic il san gue in - to e ve - ne sai.
1.2.
poco rit.
3.
Te vo-glio be - ne as - sai,

Verse 2
Vide le luci in mezzo al mare pensò alle notti là in America
Ma erano solo le lampare e la bianca scia d'elica;
Sentí il dolore della musica si alzò dal pianoforte
Ma quando vide la luna uscire da una nuvola gli sembrò che fosse già anche l'amor;
Guardò negli occhi la ragazza quegli occhi verdi come il mare
Poi all'improvviso uscì una lacrima e credette di affogare.
Te voglio bene assai, etc.

Verse 3
Poi pensò alla lirica e al grande palco
Che con un pò di trucco e con la mimica puoi diventare un altro;
Ma due occhi che ti guardano cosi vicini e veri
Ti fanno scordare le parole o in fondo i tuoi pensieri;
Così diventa tutto piccolo anche le notti là in America
Ti volti e vedi la tua vita come la scia di un'elica;
Ma sí è la vita che finisce ma lui non ci pensava tanto
Anzi si sensitiva già felice e ricominciò il suo canto.
Te voglio bene assai, etc.

Granada

By Agustin Lara.

a tempo ♩= 104
Bm add11
Bm
Gra-
Bm add11
-na - - - da, tier-ra so-ña-da por mí,
3
mi can-tar se vuel-ve gi-ta-no cuan-do es pa-ra ti...
F♯
mi can - tar... he - cho de

G
F♯
fan - ta-sí - a
mi can -
G
-tar, flor de me-lan-co-lí - - - - a
que yo te ven-
N.C.
go
a
F♯
dar...
Gra - na -

D D6 Dmaj7 Fdim Em7 A7
- da, tier-ra en - san - gren - ta - da en tar - des de tor - os...
- da, Ma - no - la, can - ta - da en cop - las pre - cio - sas...
Em7 A7 Em7 A7 Em7 A7
Mu - jer que con - ser - va el em - bru - jo de los oj - os
no ten - go o - tra co - sa que dar - te que un ra - mo de
D6 1. Em7 A7 D D6
mor - os.
ros - as...
De su - e - ño re - bel - de y gi -
Dmaj7 D F♯m C♯7 F♯m
- ta - na cu - bier - ta de flor - es... y

C♯7
F♯m
C♯7
be - so tu bo - ca de gra - na ju - go - sa man - za - na que me hab - la de a -
F♯m
A
- mor - - es. Gra - na -
2.
D
C6/D
G
C9
De ros - as de sua - ve fra - gan - ci - a que le di - er - an
D
Gm
fr3
D
mar - co a la Vir - gen Mo - re - na. Gra-

Gm
fr3
D
D dim
3
-na - - - da, tu tier-ra es-tá lle - na de lind-as mu-
A7
Em7
A7
D
B♭7
-jer - es de san-gre y de sol.
E♭
fr3
E♭6
E♭maj7
G♭dim
Fm7
B♭7
Fm7
B♭7
B♭
Fm7
B♭7
Fm7
B♭7
E♭6
De

E♭
D♭/E♭
A♭
D♭9
E♭
A♭m
ros - as de sua - ve fra - gan - ci - a que le di - er - an mar - co a la Vir - gen Mo -
E♭
A♭m
-re - na. Gra - na - da, tu tier - ra es - tá
E♭
E♭dim
B♭7
lle - na de lind - as mu - jer - es, e de san - gre y de sol.
E♭
A♭m/E♭
E♭

O sole mio

Words by Giovanni Capurro.
Music by Edorado di Capua.

a tempo
A♭
N.C.
A♭
E♭7
f molto ten.
so - le.
Ma n'a - tu
so - le
cchiù bel - lo, o - jè,
mf
A♭
ff
'o so - le mi - o
sta nfron - te a
te!
'O
molto
D♭m
A♭
mf
E♭7
so - le, 'o so - le mi - o,
sta nfron - te a
te,
sta nfron - te a
ff
molto
mp
A♭
N.C./E♭
A♭
E♭7
te!
f

45
E♭13 E♭7 A♭ D♭m/A♭ A♭ N.C.
Quan - no fa
50
A♭ B♭m
not - t' e 'o so - le se ne scen - ne, mme ve - ne
54
E♭7 A♭
qua - se 'na ma - lin - cu - ni - a; sot - to 'a
58
poco rall.
B♭m A♭/E♭
fenes - ta to - ia res - tar - ri - a, quan - no fa not - t' e 'o so - le

63
E♭7
A♭
D♭m/A♭
N.C.
a tempo
A♭
f molto ten.
se ne scen - ne.
Ma n'a-tu so - le cchiù bel - lo, o-
mf
68
E♭7
A♭
- jè, 'o so - le mi - o sta nfron - te a te!
73
ff
D♭m
ten.
A♭
'O so - le, 'o so - le mi - o, sta nfron - te a
ff
78
E♭7
molto tenuto al fine
A♭
te, sta nfron - te a te!
f
rfz
ff
sffz

Va Pensiero
(from Nabucco)

Words by Temistocle Solera.
Music by Giuseppe Verdi.

17
E7
A
o - ceans,
Reach the land,
find the place
where all
E7
A
Bm7
A/C♯
E7/B
21
chil - dren go
ev - 'ry night af - ter lis - ten - ing to this lul - la -
25
A
mp
E
B7
- by,
There you'll
find their he - roes a - live pro - tec - ting their
29
E
Aadd9
A
E/B
in - no - cence.
Bless them all,
their sim - ple
mp

32
B7sus
B7
Esus
E
soul so pure and so won - der - ful.
Ooh, Va, pen -
35
A
A/C♯
E7/B
mf
-sie - ro, sul - l'a - li do - ra - te;
38
E7
A
E7/B
A/C♯
E7
Let this beau - ti - ful dream car - ry on for all night
41
A
E
f
long. Ar - pa d'or dei fa - ti - di - ci

B E /D♯ A/C♯ B7sus B7
45
mf
3
va ti, per - ché mu - ta dal sa - li - ce

B7/E E /D♯ C♯m /G♯
49
f
pen - di? Le me - mo - rie nel

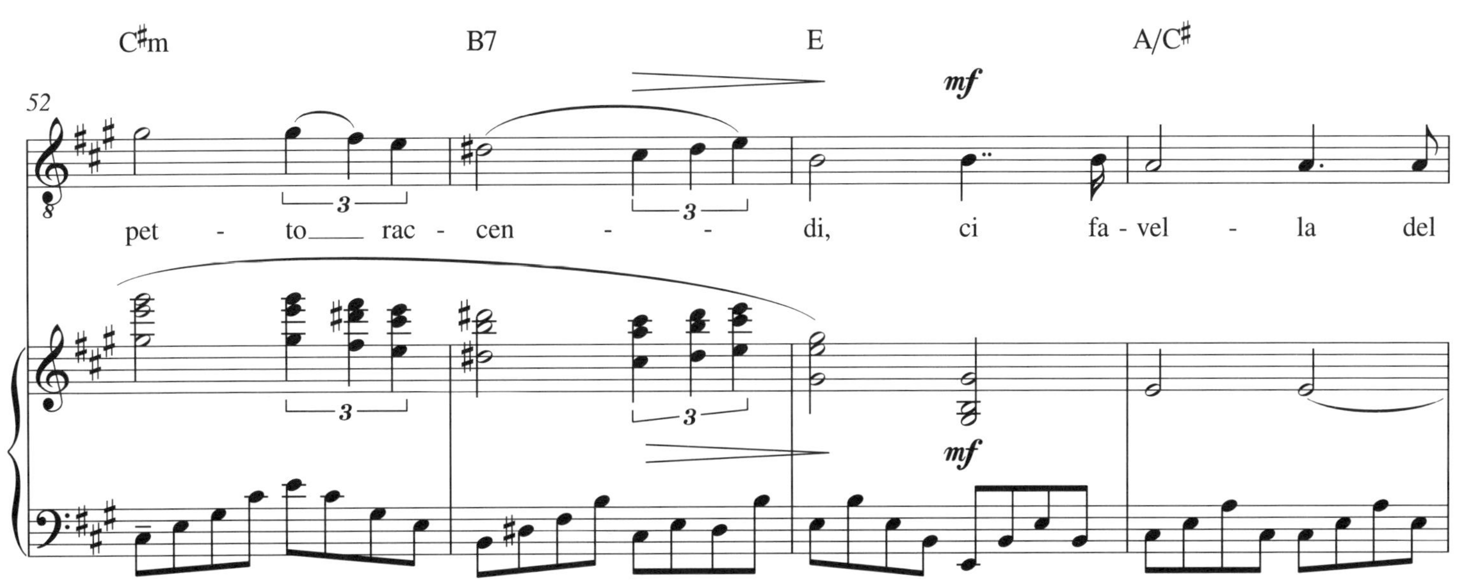
C♯m B7 E A/C♯
52
mf
3
pet - to rac - cen - di, ci fa - vel - la del

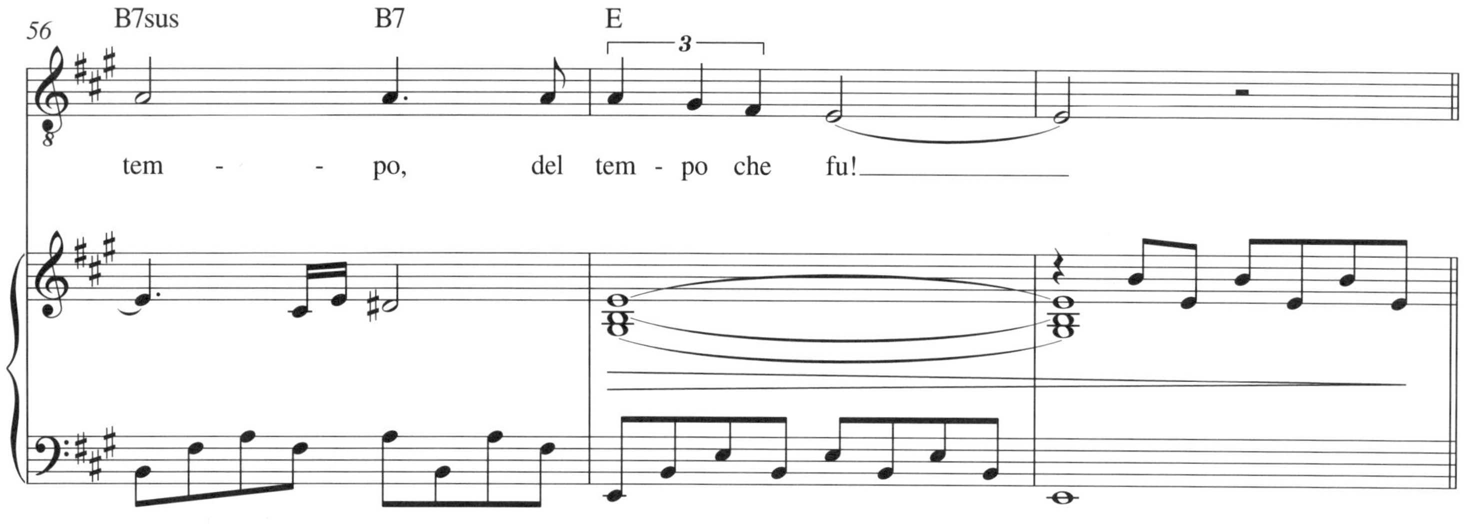
56
B7sus
B7
E
3
tem - - po, del tem - po che fu!

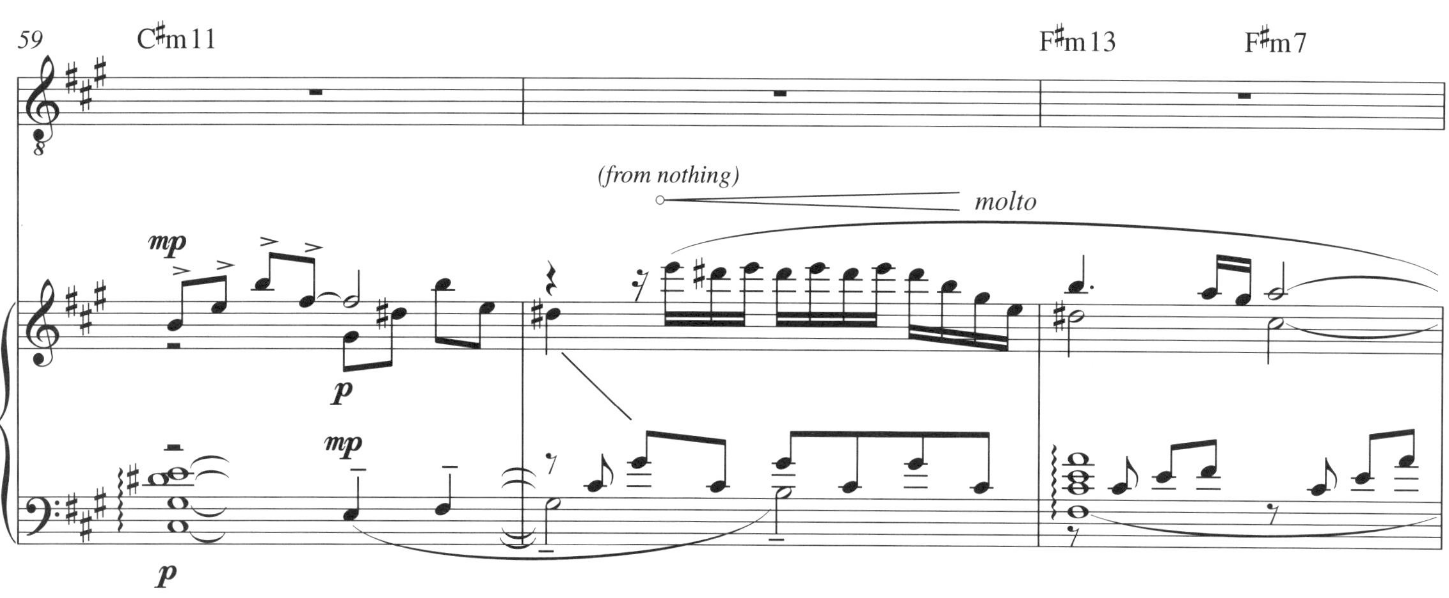
59
C♯m11
F♯m13
F♯m7
mp
p
(from nothing)
molto
mp
p

62
C♯m9
p
mp
molto

65
B7sus
Bm7
Esus
E
mf
Va, pen -
molto cresc.
68
A
Ama7/C♯
E
-sie - ro, sul - l'a - li do - ra - te;
mf
71
Bm7
E
A
B9
va, ti po - sa sui cli - vi, sui
74
D/E
E
D/E
E
A
col - li, o - ve o - lez - za - no

77
Ama7/C♯
E
te - pi - de e mol - li
l'au - re
80
A/C♯
D
A/E
E7
A
3
dol - ci del suo - lo na - tal!
83
Gadd9
A/E
E
mp
Ev - 'ry night af - ter lis - ten - ing to this lul - la -
86
D
A/C♯
rall.
D
A
by,
(>)
p

Time To Say Goodbye (Con Te Partirò)

Words & Music by Lucio Quarantotto & Francesco Sartori.
Adapted by Frank Peterson.

Gadd9
fr3
D
Em
C
D
Su le fi - ne - stre mo - stra a tutti il mio cu - ore che hai ac - ce - so.
ten.
mf
Chiu - di dentro me la lu - ce che hai in con - tra - to per stra - da.
a tempo
G
Time to say good - bye, pa - e - si che non ho
mai, ve - du - to e vis - su - to con me, a - des - so si, li vi -

G
D
Em
C
G
D
vrò con te, par - ti - rò su na - vi per ma - ri che io lo
Em
C
G
C
D
so, no, no, non e - si - sto - no più, it's time to say good-bye.
poco rit.
Male:
G
Quan - do sei lon - ta - na sog - no al - l'o - riz - zon - te e man - can le pa - ro - le.
C
D
Am/C
Bm/D
C
D
Em
E io si, lo so che sei con me, con me, tu mia lu - na, tu sei qui con me
mf
mf
mf
mp
mp
mp

C D Am/C Bm/D Em D G D
rall.
a tempo 1º
mi - o so - le tu sei qui con me, con me, con me, con me. Time to say good -
mf mf mf
Em C G D Em C
bye, pa - e - si che non ho mai, ve - du - to e vis - su - to con
G C D G D Em C
me a - des - so si, li vi - vrò con te. par - ti - rò su
f
G D Em C G C D
Both:
na - vi per ma - ri che io lo so, no, no, non e - si - sto - no più. Con te io li ri - vi -

A E F♯m D A E
vrò con te par - ti - rò su na - vi per ma - ri — che io lo
ff
F♯m D A D E A E
so, no, no non e - si - sto - no più con te io li ri - vi - vrò con te par - ti -
fff
F♯m D A E F♯m D
rò.
A D E Dm Em C D (A)
rall.
Io con te. —
f

Music Of The Night
(from The Phantom Of The Opera)

Music by Andrew Lloyd Webber.
Lyrics by Charles Hart.
Additional Lyrics by Richard Stilgoe.

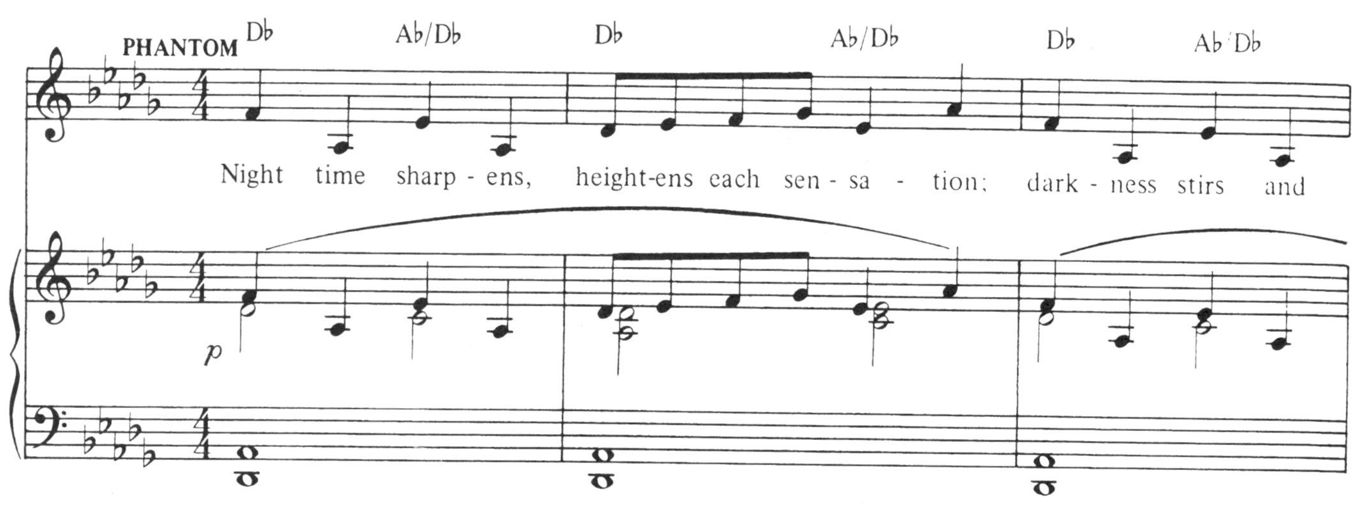

Db Ab/Db Db Ab/D Gb Ab
night un - furls its splen - dour; grasp it, sense it, trem - u - lous and ten - der.
Gb Db Gb Db Gb Cb Gb
Turn your face a - way from the gar - ish light of day, turn your thoughts a - way from cold, un - feel - ing
Db/Ab Gb/Ab Ab7 Db B
light and lis - ten to the mu - sic of the night. Close your eyes and sur - ren - der to your
mp
E A Eb Eb7
dark - est dreams! Purge your thoughts of the life you knew be - fore! Close your

Ab Ab7 Db Fm C F
rall.
rit.
eyes let your spi-rit start to soar and you'll live as you've nev-er lived be - fore.
mp
a tempo
Db Ab/Db Db Ab/Db Db Ab/Db
Soft - ly, deft - ly, mu - sic shall ca - ress you. Hear it, feel it,
p
Gb Ab Gb Db Gb Db
se - cret - ly po - ssess you. O - pen up your mind, let your fan - ta - sies un-wind in this
Gb Cb Gb Db/Ab Gb/Ab Ab7
rall.
dark - ness which you know you can - not fight, the dark-ness of the mu - sic of the

a tempo
Db
B
E
night. Let your mind start a jour-ney through a strange, new world leave all
f
A
Eb
Ab
rall.
Ab7
thoughts of the world you knew be - fore. Let your soul take you where you long to
Db
molto rit.
Fm
C
F
be! On - ly then can you be - long to me.
ff
mp
a tempo
Db
Ab/Db
Db
Ab/Db
Db
Ab/Db
Gb/Db
Ab/Db
Float-ing, fall-ing, sweet in-tox-i-ca-tion. Touch me, trust me, sa-vour each sen-sa-tion.
mp

Gb Db Gb Db Gb Cb Gb Db/Ab
Let the dream be-gin, let your dark-er side give in to the pow-er of the mu-sic that I write, the
mf
Gb/Ab Ab7
rall.
a tempo
Db Ab/Db Db Ab/Db Db Ab/Db
pow-er of the mu-sic of the night.
ff
Gb Ab7
rall
a tempo
Gb Db Gb Db
poco rit.
Gb Cb Gb
You a-lone can make my song take
mf
Db/Ab
rall.
Gb/Ab Ab7
lento
Gb Ebm Dm C Db
flight, help me make the mu-sic of the night.
8va
mp
pp

The Look Of Love

Words by Hal David.
Music by Burt Bacharach.

C♯7
fr4
A6
Am6
is say-ing so much more than just
Emaj7
E7
Amaj7
words could ev - er say,
and what my heart
A6
G♯7sus4
fr4
G♯7
fr4
C♯m7
fr4
F♯7
(Vocal in 3º)
has heard, well it takes my breath a - way.
I can hard -
E
F♯m7/B
- ly wait to hold you, feel my arms a-round you,
how long I have wait - ed,

Verse 2:
You've got the look of love, it's on your face,
A look that time can't erase.
Be mine tonight, let this be just the start
Of so many nights like this;
Let's take a lover's vow
And then seal it with a kiss.

I can hardly wait *etc.*

Verse 3: (Instrumental)

I can hardly wait *etc.*

Bridge Over Troubled Water

Words & Music by Paul Simon.

C7
F
F7
F7/9
F7/9/G
F7/9/A
when times get rough and friends just
when dark - ness comes and pain is
B♭
G
C
F7
F7/9/A
B♭
C7/B♭
B°
can't be found,
all a - round,
Like a Bridge O - ver
F/C
Dsus4
D7
A7/C♯
A7/E
Dm
F7/G
F7/A
Trou-bled Wa-ter I will lay me down. Like a Bridge O - ver
mp
mf
1.
Trou-bled Wa-ter I will lay me down.
B♭/F
f
mf
mp
When you're
p

2.
F/C
Dm
B♭
Dm/A
A
Dm
B♭
Trou - bled Wa - ter I will lay me down. Sail on
F
B♭
F
sil - ver girl, sail on by.
B♭
F
B♭
F
B♭
Your time has come to shine. All your dreams
F
B♭
F/A
Gm7
F
C/E
Dm
C
see how they shine. Oh,
F
F7
F7/9
F7/9/G
F7/9/A
if you need a friend I'm sail - ing

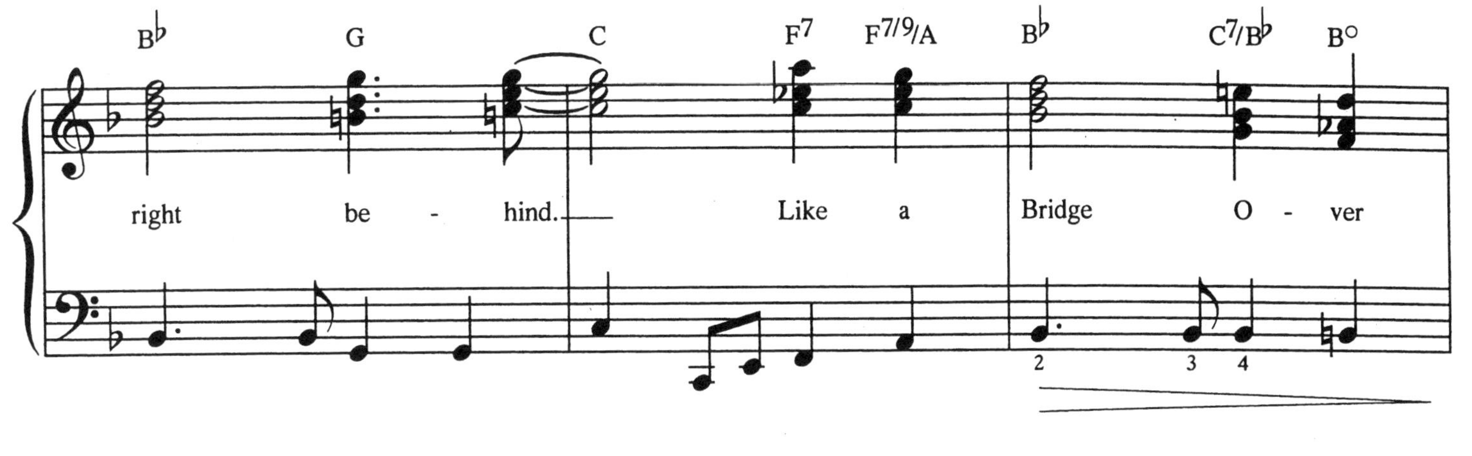
B♭ G C F7 F7/9/A B♭ C7/B♭ B○
right be - hind. Like a Bridge O - ver
2 3 4

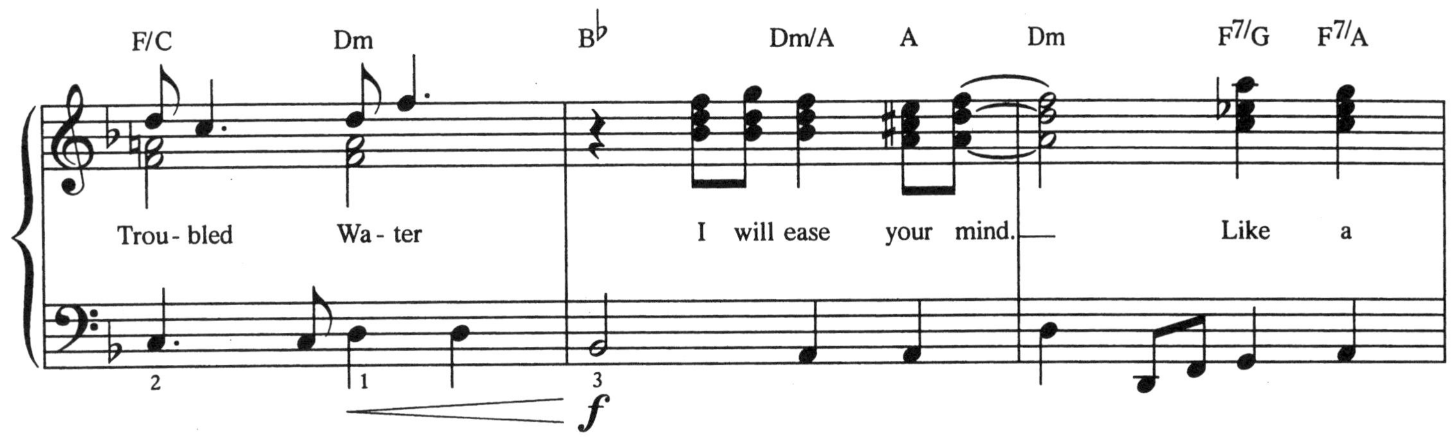
F/C Dm B♭ Dm/A A Dm F7/G F7/A
Trou - bled Wa - ter I will ease your mind. Like a
2 1 3
f

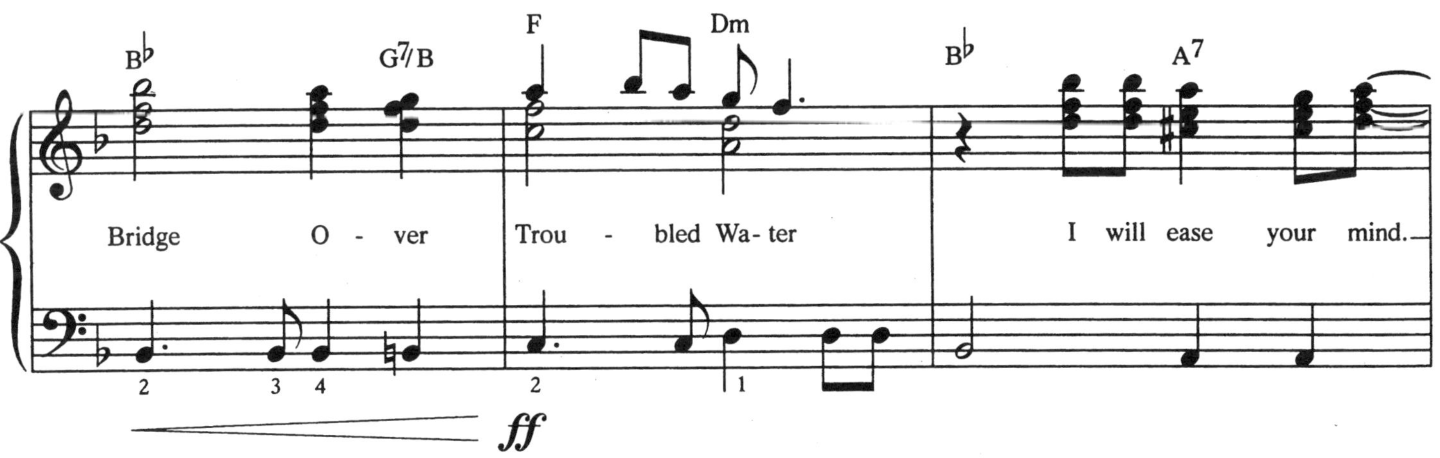
B♭ G7/B F Dm B♭ A7
Bridge O - ver Trou - bled Wa - ter I will ease your mind.
2 3 4 2 1
ff

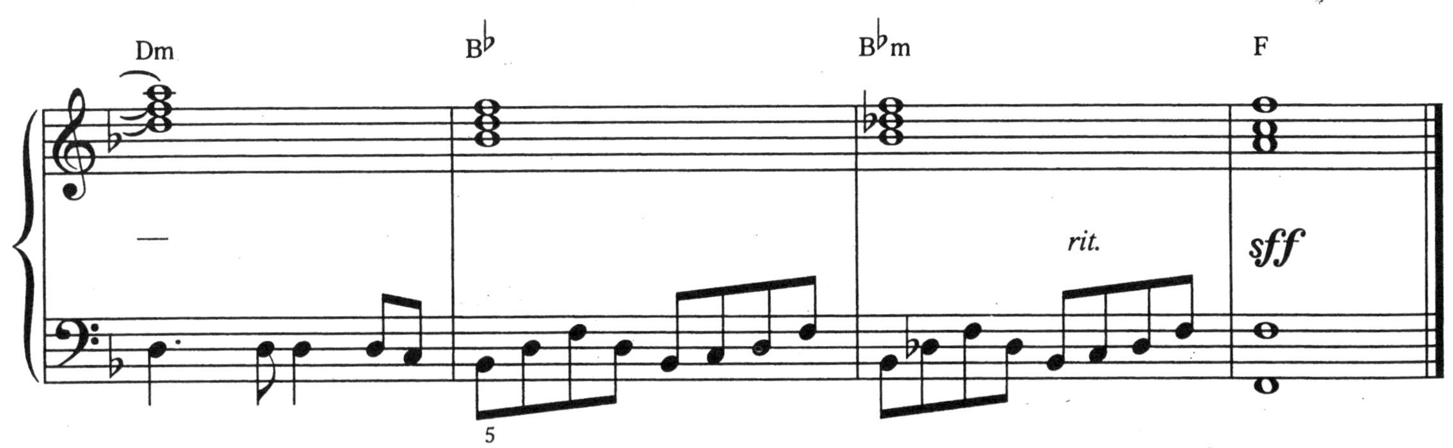
Dm B♭ B♭m F
rit.
sff
5

What A Wonderful World

Words & Music by George Weiss & Bob Thiele.

Gm7
fr3
C7
F
B7sus2dim
B♭maj7
C7
what a won-der-ful world.
2. I see
F
Am
B♭
Am
Gm
fr3
F
skies of blue
and clouds of white,
the bright bles-sed day,
A7
Dm
D♭
the dark sac-red night.
And I think to my-self,
Gm7
fr3
C7
Fmaj7
Gm7/F
fr2
Fmaj7
what a won-der-ful world.
The

B♭/C
C
Fmaj7/C
F6/C
co - lours of the rain - bow, so pret - ty in the sky, are
B♭/C
C
Fmaj7
F6
Dm
C/E
al - so on the fa - ces of peo - ple go - in' by. I see friends shak - in' hands say - in'
F6
C
Dm
F♯dim7
Gm7
C9
"How do you do?" They're real - ly say - in' "I love you." 3. I
F
Am
B♭
Am
hear ba - bies cry - in', I watch them grow.

Gm
fr3
F
A7
Dm
There- ain't much more
that I'll never-er know.
And
D♭
Gm7
fr3
C7
2
I think to my-self,
what a won-der-ful world.
freely
F
E♭7(♯11)
fr5
D9
fr4
D7(♭9)
fr4
Gm7
fr3
Yes,
I think to my-self,
C7(♭9)
Am/C
Gm/C
fr3
F/C
F
what a won-der-ful world.
Oh yes.
8va